LES INSECTES

CHANSONS

SUR DES MOTS DONNÉS ET TIRÉS AU SORT,

PAR LES MEMBRES DU CAVEAU.

PARIS,

IMPRIMERIE DE APPERT FILS ET VAVASSEUR,

Passage du Caire, 54.

LES INSECTES

CHANSONS

SUR DES MOTS DONNÉS ET TIRÉS AU SORT,

PAR LES MEMBRES DU CAVEAU.

PARIS,

IMPRIMERIE DE APPERT FILS ET VAVASSEUR,

Passage du Caire, 54.

LES INSECTES

(MOTS DONNÉS).

LE COLIMAÇON.

Air de *Roger Bontemps* (de Béranger)
ou de *la ronde du camp de Grand-Pré*.

Tout *mot donné* me pèse,
Par son étrangeté :
Peut-on écrire à l'aise,
Quand on est garrotté ?
Ma verve, sans ressource,
Pour faire une chanson,
Arrive au pas de course
Comme un *colimaçon*.

Voyez le lourd Narcisse,
Qu'un tailleur ficela,
Faire plus d'un caprice,
Drapé dans son *Talma*.
Le sexe, en sa présence,
Ressent un doux frisson :
Il a de l'élégance
Comme un *colimaçon*.

Sans épouse gentille,
Sans un ami de choix,
Sans voisins, sans famille,
Vit le père Sournois ;
Son existence triste
Est celle d'un ourson :
Il s'est fait égoïste
Comme un *colimaçon*.

Janus, usant d'intrigue,
Sert tous gouvernements ;
Pour le Roi, pour la Ligue,
Il a mille serments.
Voyez comme il se campe,
Chez les grands, sans façon :
Il s'aplatit, il rampe
Comme un *colimaçon*.

Courbé par la vieillesse,
Ce libertin sans cœur,
D'une jeune maîtresse
S'est fait le protecteur.
Alors que sa bouche ose
Brusquer tendre rançon,
Il bave sur la rose,
Comme un *colimaçon*.

Certain mari proclame
Son conjugal bonheur,
A l'instant où sa femme
Prend un coadjuteur ;
Concurrent des licornes,
Le candide garçon
Nous montre ses deux cornes
Comme un *colimaçon.*

Prudhomme se redresse
Derrière son comptoir,
Et donne, avec ivresse,
Des leçons au pouvoir ;
Que l'émeute en guenille
Lorgne un peu sa maison,
Il rentre en sa coquille
Comme un *colimaçon.*

J'aime ce fin mollusque,
Qui, gourmet connaisseur,
Adroitement s'embusque
Sur le cep le meilleur.
Moi, parmi les plus dignes,
Je cherche un échanson,
Et me mets dans les vignes
Comme un *colimaçon.*

Justin Cabassol,
Membre titulaire.

L'ARAIGNÉE.

Air du *Piège*.

L'insecte que je vais chanter,
Objet d'une injuste méprise,
Est certes loin de mériter
Que l'orgueil humain le méprise.
A des labeurs toujours nouveaux
Sa vigilance est résignée ;
En fait d'ingénieux travaux,
Chacun admire l'araignée.

Loin du séjour de la splendeur,
Un gîte obscur est son partage ;
Doux contrepoids de la laideur,
Ses vertus parlent davantage ;
Et si, tombée en ses filets,
La mouche n'est point épargnée,
C'est que d'insectes bien plus laids
Veut nous délivrer l'araignée.

Qui du noble ami de Fouquet
Ne se rappelle l'infortune ?
En son cachot tout lui manquait
Pour calmer sa peine importune ;
Mais dans ce repaire odieux,
De Pélisson bien qu'éloignée,
A ses accords mélodieux
Toujours accourait l'araignée.

Voyez dans l'arrière saison,
Près des ruisseaux ou sur la berge,
En écharpe, vers l'horizon,
Errer ces beaux fils de la vierge !
Oh ! de quels plaisirs triomphants
Leur capture est accompagnée !...
Ces blancs fils qu'aiment les enfants
Sont les trésors de l'araignée.

Les lois dont nous savons le prix
Sont comme ses fragiles toiles :
Le faible insecte s'y voit pris,
Et le plus fort brise les voiles...
Pour l'infatigable chasseur,
Déjà la partie est gagnée ;
Du gibier, il est possesseur,
Dès qu'il imite l'araignée.

Elle est l'emblême du travail
Et s'alimente de sa proie ;
Elle se tisse un éventail,
Rival de la plus riche soie.
D'un feu plein de vivacité
Son existence est imprégnée ;
En fait de ruses, la beauté
Ne peut surpasser l'araignée.

Un astronome renommé,
En remplissant sa tabatière,
S'était, dit-on, accoutumé
De croquer notre filandière.
Mais de Lalande, étrange humain,
La prise était fort dédaignée ;
Et l'amateur, ouvrant la main,
Fit toujours grâce à l'araignée.

J'oubliais de vous rappeler
Des Tarentules la piqûre,
Qui semble vous ensorceler,
Et dont la danse offre la cure.
Par ses réseaux si délicats,
Plus d'une blessure est soignée ;
Et du sang la perte est un cas,
Où triomphe encor l'araignée.

En un défi, de son talent
Brilla l'heureuse hardiesse,
Et son chef-d'œuvre étincelant
Effraya presque une déesse.
Un humide caveau lui plait,
Le vin rafraîchit sa lignée ;
Le bachique amant du couplet
Doit donc vénérer l'araignée.

Cette ouvrière aux tissus fins,
De Pline inspira le génie ;
Delille, de ses chants divins,
Leur a consacré l'harmonie.
De peindre ce vif animal,
La tâche me fut assignée ;
Prendre la mouche serait mal,
En face de mon araignée.

Albert-Montémont,
Membre titulaire.

LE LOMBRIC (TERRESTRE).

Vulgairement appelé VER DE TERRE.

AIR : *On dit que je suis sans malice.*

J'ai beau chercher, que puis-je faire
D'un tel sujet?... *Le Ver de terre!*...
Si ce n'était un lot du sort,
J'y renoncerais tout d'abord.
Mais, puisqu'il faut que je le traite,
Bien que le hasard me maltraite,
Mes amis, daignez, par égard,
Me traiter mieux que le hasard.

Maudit Lombric! Plus je l'observe,
Moins l'insecte me met en verve;
Il me paraît mou, sans vigueur ;
Puis il est laid à faire peur...
Mais, à volonté, quand je songe
Qu'il se redresse, qu'il s'allonge.
Au Ver j'envie, en vérité,
Une aussi belle faculté.

Les Vers de terre ont l'avantage,
Quand la bêche en deux les partage,
De reproduire, et promptement,
Ce qui manque à chaque fragment.
D'une existence ils font deux vies,
Sans souffrances, sans maladies :
De l'accident s'ils sortent sains,
C'est qu'ils n'ont point de médecins.

Au toucher impressionnables,
Les Lombrics n'ont pas leurs semblables;
A peine frôlés, n'importe où,
Crac, ils se fourrent dans un trou.
Pour certain galant exercice,
Ce tact exquis serait propice
Aux *vantards*, qui, se disant prêts,
Ont besoin de très longs apprêts.

Mon jardinier me fait connaître,
Dans les Lombrics, un baromêtre,
Et des plus sûrs ; on peut les voir
S'accoupler quand il va pleuvoir.
Si nous avions cette habitude,
Juin dernier eût été trop rude ;
Dix fois par jour pluie et beau temps ! ! !
Nous n'eussions pas vécu longtemps.

Ce Ver, heureux hermaphrodite,
Qu'un fort tempérament excite,
Tient, mâle et femelle à la fois,
Simultanément deux emplois.
Faut-il qu'un insecte cumule
Tous les plaisirs ?... C'est ridicule !
Pauvres humains, quand je vous vois
Pour moitié moins être aux abois.

L'acte intime qui les rassemble,
Si fortement les lie ensemble,
Qu'on ne peut, à leurs doux travaux,
Les arracher que par lambeaux.
Morbleu ! chez nous pareilles choses
Aux amants vaudrait portes closes ;
Sinon, que de *poulets* charmants
Seraient billets d'enterrements.

P.-J. CHARRIN,
Membre titulaire.

LA CIGALE.

AIR: *Ermite, bon ermite!*
ou: *du Protecteur* (de FESTEAU).

Ton sort me fait envie,
Cigale, mes amours ;
Combien j'aime ta vie
    Qui nous convie
A couler d'heureux jours.

Tu chantes dès l'aurore,
Si tôt que le soleil
De ses rayons colore
 La terre, à ton réveil ;
Et lorsqu'à la nature
Il dérobe ses feux,
Jusqu'au jour, sans murmure,
Tu t'endors avec eux.
    Ton sort, etc.

Injuste Lafontaine,
Pourquoi, d'un ton amer,

Reproches-tu sa gêne
A la fille de l'air ?
Le perfide langage
Qu'emprunte ta fourmi
Trahit un cœur sauvage,
Du plaisir ennemi.
    Ton sort, etc.

Quand, d'une aile légère,
Tu diriges ton vol,
Attachée à la terre,
Elle en foule le sol ;
Son épargne est l'image
De l'égoïsme affreux,
Qui jamais ne partage
Avec les malheureux.
    Ton sort, etc.

De cet affront te venge
L'aimable Anacréon ;
Il te donne en échange
Un immortel renom.
Par lui divinisée,
Comme fille des Dieux,
Tu dois, dans l'Elysée,
Retourner avec eux.
    Ton sort, etc.

Gentille messagère,
Quand on fui les autans,
Tu reviens la première
Saluer le printemps.
L'été, lorsque sommeille
Aux champs le laboureur,
C'est ta voix qui l'éveille
Et lui rend son ardeur.
    Ton sort, etc.

Amante des bocages,
Sous les plus doux climats,
Tu fuis les tristes plages
Où règnent les frimats.
Tu formes en cadence
Les sons du chalumeau
Qui provoque à la danse
Les filles du hameau.
    Ton sort, etc.

Si ta vie est bornée,
Le cours en fut heureux
Tu charmes ta journée
Par tes accents joyeux ;
Tu quittes l'existence,
Sans regrets superflus,

Pour toi la mort commence,
Quand tu ne chantes plus.
    Ton sort, etc.

Reçois donc de ma muse
Ce tribut mérité ;
Je serais sans excuse,
Si je n'avais chanté :
Ton nom devait paraître
Dans ce recueil nouveau,
Car il ne pouvait être
Oublié du Caveau.

Ton sort me fait envie
Cigale, mes amours ;
Combien j'aime ta vie
    Qui nous convie
A couler d'heureux jours !

DE CALONNE,
Membre honoraire.

LA FOURMI.

AIR : *Ramonez-ci, ramonez-là.*

La fourmi n'est pas prêteuse,
C'est là son moindre défaut.
Rappelez-vous l'emprunteuse
A qui le grain fit défaut ;
Moi qui chante au temps froid ou chaud,
Mieux que la cigale emprunteuse,
Je veux pourtant que la fourmi
M'oblige, et non pas à demi ;
Car, je vous l'avouerai tout bas,
Je ne saurais chanter, hélas !
Si le sujet ne *prête* pas.

Et d'abord, fourmi, ma mie
Jamais je n'amassai rien ;
Apprends-moi l'économie
Toi qui la comprends si bien ;
Ce goût, je t'assure, est le mien.

Voyons, vite, ta théorie ;
Si ce procédé n'exclut pas
Amours, plaisirs et gais repas ;
Si l'on peut économiser
Sans jamais rien se refuser,
Ma foi nous pourrons en causer.

Mais si tu veux qu'on entasse
Péniblement grain sur grain ;
Qu'on laisse un plaisir qui passe
Sans lui barrer le chemin ;
S'il faut songer au lendemain
Quand le présent est plein de grâce.
Au pauvre souffrant et sans pain
Qui dit : je chantais, mais j'ai faim.
S'il faut répondre, en le raillant :
Vous chantiez, dansez maintenant ;
Cela ne me va pas autant.

J'ai bien une tirelire
Déjà depuis fort longtemps,
De tout mon cœur je désire
Mettre une épargne dedans,
Mais, aux fournisseurs exigeants
Mon gain a grand'peine à suffire.
Dans le tronc d'arbre où tu te plais,

Exempte d'impôts et de frais,
Quand de grain ou de moucheron
Tu sens ton estomac bien rond,
Tu mets le reste dans le *tronc*.

Tu crains l'oiseau, ma mignonne
Nous craignons le choléra ;
Tes œufs, la perdrix gloutonne
Toujours te les mangera ;
Mais les fils que Dieu nous donna
Comme la guerre les moissonne !
Si le voyageur sans pitié
En passant met, sur toi, le pié ;
Nous avons, nous, le médecin
Qui souvent sur nous met la main,
Ce qui n'est pas beaucoup plus sain.

Toi, tes sœurs, vous êtes reines
D'un royaume colossal.
Entre vous, jamais de haines ;
Bref, tu jouis en total
D'un gouvernement sans égal,
Bien que tu vives dans les *chênes ;*
Si, secouant avec fierté
Ces *chênes* au cri liberté !
Surgit un combat imminent,
On peut le dire assurément
Ce combat n'est jamais *sans gland*.

Ma muse rarement prête,
Contrariant mon projet,
A fort mal chanté ma bête ;
Je le constate à regret ;
Il faut dire que mon sujet
Je ne l'avais pas dans la tête.
Au rebours en chantant debout
Mes couplets, maintenant au bout
En vérité, mes bons amis,
J'ai dans les jambes des fourmis,
C'est là que mon sujet s'est mis.

J.-D. Moinaux,
Membre titulaire.

LE PARASITE.

POT POURRI.

AIR : *C'est le beau Thomas.*

Bien qu'il soit piquant,
Le sujet de ma chansonnette
Me tourmente, quand
Ma muse le soigne et le traite :
On prétend qu'au fond
Il est très fécond,
Pourtant, vous devez le comprendre,
Je ne sais par quel bout le prendre,
Car trop gratter cuit,
Et trop parler nuit.

AIR *du Piège.*

Son origine hélas ! se perd
Dans la nuit des temps et des âges ;
Aussi je n'ai rien découvert
Sur ses premiers pélerinages.

Franchement j'en suis stupéfait,
Car pour chacun il est notoire
Que presque tout ce qu'il a fait
Est du domaine de..... l'histoire !

Air : *Adieu, je vous fuis, bois charmant.*

Pourtant j'ai la conviction
Qu'il était connu dans Athène,
Et que son éducation
S'acheva près de Diogène ;
Puis ensuite mieux inspiré
Sur sa véritable nature,
Il s'est tout à fait déclaré
Pour le système... d'Épicure.

Air *des Fraises.*

Dans plus d'un département
On souffre de sa haine ;
Le *Bas-Rhin* le voit souvent,
Mais il est communément
Dans l'*Aisne.*

Air : *Ça n' se peut pas.*

Comme la violette il se cache
Loin du jour et des indiscrets,
Et de préférence s'attache
Aux petits endroits bien secrets.

Je sais bien que parfois on trouve
Qu'il en change trop fréquemment,
Mais ce n'est pas, tout nous le prouve,
Sans fondement.

AIR de *Julie,* ou : *J'en guette un petit de mon âge.*

Je sais des gens que de son domicile
On ne peut plus faire en aller,
Lorsque, se montrant trop facile,
On les y laisse s'installer :
Il est de cette race plate
Que rien n'excite, rien n'émeut,
Pourtant on en fait ce qu'on veut
S'tôt qu'on lui graisse la patte.

AIR du *vaudeville de l'Apothicaire,*
ou : *Un homme pour faire un tableau.*

En dépit des lois en vigueur
Qui défendent que l'on s'attroupe,
L'isolement fait son malheur ;
Toujours on le rencontre en groupe :
Qu'on en prenne un sur le coussin
D'un omnibus, à la banlieue,
Cinquante autres le lendemain
Sont venus se mettre à la queue !

Air du *Haut en bas*.

Du haut en bas
La nuit, le jour, il se promène ;
Du haut en bas
On sent bien qu'il n'est jamais las.
En véritable énergumène
Il nous agace et se démène
    Du haut en bas.

Air des *Gueux* (de Béranger).

Quels gueux ! quels gueux !
Comme ils sont nombreux !
Pour semer entre eux,
Quels gueux ! quels gueux !

De mille en un jour s'augmente
Cette population...
Et les savants nomment... lente
Sa régénération !
    Quels gueux ! etc.

A des résultats semblables
Rien n'atteindrait ici bas,
Ni les feuilles, ni les sables,
Ni les œuvres de *Dumas !*
    Quels gueux ! etc.

Air du vaudeville de *l'Étude*.

De sa fécondité la cause
S'explique en y réfléchissant ;
La chaleur en pareille chose
Est un aliment si puissant !
Or, sans recherche bien profonde,
Il est clair pour l'observateur,
D'après sa place dans le monde,
Qu'il cherche toujours la chaleur !

Air : *Nous nous marierons dimanche.*

J'ai cru bien longtemps
Qu'aux seuls habitants
De notre petite sphère,
Tous ces mirmidons
Prodiguaient leurs dons
Et montraient leur savoir-faire ;
De cette erreur
A maint auteur
Commune,
On me tira,
Car un jour à
La brune,
J'en ai reconnu
Hélas ! à l'œil nu,
Un grand nombre en pleine lune !

AIR : *A peine au sortir de l'enfance.*

Les gants sont toujours en usage
Aux jeux d'amour et de hasard ;
C'est aussi par eux que le sage
Tiendra mon héros à l'écart.
Sa mort sera des plus certaines
Lorsque vos doigts bien assainis,
Sans jamais prendre de mitaines,
Se serviront de longs gants gris.

AIR : *Femmes, voulez-vous éprouver.*

Ne pouvant pas *ex-professo*
Vous donner un portrait fidèle,
De mon mieux j'ai mis en faisceau
Ce que je sais de mon modèle ;
Mais si j'ai tronqué le sujet,
Nul ne dira, la chose est sûre,
Que j'étais plein de mon objet,
Et j'en rends grâce à la nature !

Louis PROTAT,
Membre titulaire.

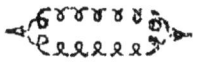

LE CERF-VOLANT,

COLÉOPTÈRE.

AIR : *Amis, voici la riante semaine.*

Aux mains d'un homme, intrépide victime,
Un cerf-volant lui tenait ce discours :
« En m'immolant, tu vas commettre un crime,
De son semblable on respecte les jours :
Ne sais-tu pas que je suis plein d'audace,
Toujours ardent et prêt à quereller ?
Pour le combat je porte une cuirasse,
N'est-ce donc pas, maître, te ressembler ! »

« Pour me distraire et savoir bien des choses,
J'ai tour à tour connu divers états ;
Dans l'univers que de métamorphoses !
Et, comme moi, ne les connais-tu pas ?
Tes changements de mœurs et de coutumes,
Peu d'animaux pourraient les égaler ;
Ver, nymphe, aussi j'ai changé de costumes,
N'est-ce donc pas, ami, te ressembler ? »

« Au tronc d'un saule on me donne un asile,
De ce bienfait suis-je reconnaissant ?
J'attire à moi toute la sève utile,
L'arbre bientôt meurt en me maudissant.
Pour la vertu plein de sollicitude,
De ton mépris ne viens pas m'accabler ;
Si j'ai montré certaine ingratitude,
N'est-ce donc pas encor te ressembler ? »

« Quand le soir vient, dans les airs je m'élance,
A moi l'espace, à moi la liberté !
Dans ce moment, où mon bonheur commence,
Je t'aperçois cherchant l'obscurité ;
Loin des jaloux tu te glisses dans l'ombre,
Ainsi l'amour aime à dissimuler ;
Lorsqu'amoureux je cherche la nuit sombre,
N'est-ce donc pas toujours te ressembler ? »

« A tes regards que rien ne me déguise,
Je veux tout dire et le mal et le bien,
Pardonne-moi l'excès de ma franchise,
Dans mon portrait tu pourras voir le tien :
Mon inconstance est durable, sans bornes,
Et chaque jour la voit se révéler ;
Sans se troubler, mon front porte des cornes,
N'est-ce donc pas vraiment te ressembler ? »

De ce discours la vérité sévère
Etonne l'homme et l'invite au pardon;
« Oui, répondit-il à l'insecte sincère,
Je te fais grâce, admire ma raison :
Ton front cornu, dont tu crois pouvoir rire,
A ton avis, doit me faire trembler !
Le cas est grave, et je vais m'en instruire ;
Je voudrais bien ne pas te ressembler. »

THOREL SAINT-MARTIN,
Membre associé.

LA MOUCHE.

Air du vaudeville de *l'Apothicaire.*

On dit que je suis violent,
Et c'est à tort que l'on m'accuse ;
Car à me fâcher je suis lent,
J'accepte toujours une excuse.
Le sort me donna le sujet
Dont il faut vite que j'accouche ;
Dira-t-on que j'eus le projet
Aujourd'hui *de prendre la mouche ?*

Mouche, appliquée au masculin,
Est un être assez diabolique,
Un être dangereux, malin,
Qui dans l'ombre toujours nous pique.
Si l'on craint d'être diffamé
Ou forcé de clore sa bouche,
Peut-on jamais être blâmé
De fuir l'homme qui s'est fait *mouche ?*

Croyant seul gouverner l'État,
Certain écrivain politique
S'érige en petit potentat,
Veut régir la chose publique.
Il aborde tous les sujets,
Et c'est en vain qu'il escarmouche,
Cet utopiste à grands projets,
Du coche n'est-il pas la mouche?

La mouche eut jadis mille attraits,
Et pour la blonde et pour la brune ;
Elle ajoutait aux plus beaux traits
Certaine grâce peu commune.
Elle donnait un air piquant
A plus d'une sainte nitouche.
Le beau sexe a bien perdu quand
De sa joue on ôta *la mouche*.

La taille fine et sans défaut,
Comme elle court cette lorette ;
Elle se retrousse bien haut,
Pour montrer sa jambe bien faite.
L'eau tombe, il fait un temps affreux,
Mais à terre à peine elle touche.
Observez-la de tous vos yeux,
Ses bas blancs n'ont pas une *mouche*.

On nous contait, tout récemment,
Que, par un cataclysme immense,
La terre et tout le tremblement
Allaient faire une triste danse ;
Aussi vit-on plus d'un jobard
Rester planté comme une souche.
Toujours le sublime canard
Fut créé pour le *gobe-mouche.*

Ma mouche, Apollon l'a voulu,
A pris un essor bien timide :
Trop faible insecte, elle n'a pu
S'élancer d'un vol plus rapide.
N'allez pas, lorsque j'ai fini,
Me regarder d'un œil trop louche.
Comme au jeu me voilà puni,
Car vous m'avez mis à *la mouche.*

CHARTREY,
Membre titulaire.

LA CHENILLE.

Air du vaudeville de *l'Etude.*

Dupaty, d'un léger insecte,
A décrit le volage essor :
Sa muse, qui n'est pas suspecte,
A de son aile emprunté l'or.
Moi, dont l'esprit fort peu scintille,
Je n'apporte que du billon,
Et sais fort bien que ma chenille
Ne vaudra pas son papillon !

On trouve des beautés fringantes,
Riches de grâces et d'appas,
Qui, par leurs formes élégantes,
Traînent les amours sur leurs pas :
Mais n'est pas or tout ce qui brille,
Et, quand tombe le cotillon,
On ne trouve qu'une chenille
Où l'on cherchait un papillon !

Du bon ton et de l'étiquette
Bravant les ennuyeuses lois,
Maint grand seigneur, à la guinguette,
S'oubliait gaîment autrefois ;
Aux Porcherons, à la Courtille,
Pourchassant Lise et Fretillon,
Plus d'un petit-maître, en chenille (1),
Allait faire le papillon !

Par d'habiles métamorphoses,
Que suggère un art transcendant,
Les chardons sembleront des roses,
La nuit et la toilette aidant :
Au théâtre, quand le gaz brille,
Grâce au blanc, grâce au vermillon,
Souvent une laide chenille
Nous semble un joli papillon !

Plus d'un maladroit personnage
Me fait redire, avec douleur :
Qui n'a pas l'esprit de son âge,
De son âge a tout le malheur.
Lorsqu'au champ d'amour vieille fille
Veut tracer encore un sillon,
Nous croyons voir une chenille
Courir après un papillon !

(1) Sorte de costume négligé.

Des honneurs et de la fortune
Vous sentez-vous quelque appétit ?
Pour trouver la chance opportune,
Chez les grands faites-vous petit.
Auprès d'eux l'adroit Mascarille
Posa son humble pavillon ;
Il rampait, ignoble chenille !
Il vole, léger papillon !

D'après maint argument solide,
Que l'on trouve en plus d'un endroit.
Le corps n'est qu'une chrysalide,
Où l'âme gémit à l'étroit.
Pourtant soignons notre guenille,
Jusques au dernier réveillon,
Afin que la pauvre chenille
Devienne un brillant papillon !

Paul Van-Cleemputte,
Membre titulaire.

LE PAPILLON.

Air de *la polka hongroise.*

Sylphe gracieux et léger,
Du printemps je suis messager.
Sur les fleurs, hôte passager,
J'aime toujours à voltiger.

D'un sourire de Flore,
D'un baiser du zéphir
Venus m'a fait éclore
Sous un dais de saphir.
L'amour, à ma naissance,
De plaisir transporté,
M'a dit : « De l'inconstance
Sois la divinité. »
   Sylphe gracieux, etc....

L'azur et la topaze,
La nacre et le rubis
D'une éclatante gaze
Décorent mes habits.
De vives étincelles,
Lorsque je prends l'essor,

Jaillissent de mes ailes,
Comme des rayons d'or.
 Sylphe gracieux, etc...

Dès que sur les prairies
Brillent les feux du jour,
A leurs filles chéries
Je vais faire ma cour.
Jacinthes et narcisses,
Jonquilles et muguets,
Me livrent les prémices
De leurs charmes secrets.
 Sylphe gracieux, etc...

La blanche paquerette,
A l'aspect si joyeux ;
La simple violette,
Qui se dérobe aux yeux,
Comme leur noble reine,
Obtiennent, tour à tour,
La fugitive étrenne
De mon volage amour.
 Sylphe gracieux, etc...

Gentille primevère,
Et toi, charmant bluet,
Parfois je vous préfère
A l'iris, à l'œillet.
Mais, si je vous caresse
Et connais votre prix,

Je garde ma tendresse
Pour la fleur de Cypris.
   Sylphe gracieux, etc...

Dans sa coupe choisie,
Convive radieux,
Je goûte l'ambroisie
A la table des dieux ;
C'est là que je m'enivre
D'amour et de plaisir ;
C'est là que j'aime à vivre,
Là que je veux mourir.
   Sylphe gracieux, etc...

De ces ardeurs coquettes,
Dont je remplis mes jours,
Les Parques indiscrètes
Rompent trop tôt le cours.
Mais de mon existence
Rallumant le flambeau,
Du cercueil je m'élance
Plus brillant et plus beau.

Sylphe gracieux et léger,
Du printemps je suis messager.
Sur les fleurs, hôte passager,
J'aime toujours à voltiger.

                CABARET DUPATY,
                Membre titulaire.

LES VERS-LUISANTS.

Air d'*Aristippe*.

Le cauchemar a troublé ma cervelle...
Partout je vois, non marcher, mais ramper,
Et les humains prenant forme nouvelle,
De fils soyeux viennent m'envelopper.
Tout s'amoindrit, s'altère, se déforme ;
Ah ! sauvez-moi des contacts malfaisants !
En paletot, en blouse, en uniforme,
Je vois surgir, grimper les Vers-Luisants.

Ce trafiquant sans pudeur, sans scrupule,
Trompant par ci, sophistiquant par là,
Et qui, rentier, fait briller son pécule
Pour éblouir les niais qu'il vola :
C'est le pendant de l'insecte en sa fêve,
Qui, chaque jour se métamorphosant,
Tout brillant sort de son cocon qu'il crêve :
Dans une larve on trouve un Ver-Luisant.

4

PLUMARD n'est plus ! ce soleil littéraire
Illuminait servantes et frotteurs,
Pour fabriquer le roman populaire
Il s'adjoignait cent collaborateurs ;
A son foyer, que de vers près d'éclore ! !
Ah ! si l'on croit ses rapports médisants,
La nuit leur manque ainsi que le phosphore :
Que deviendront les pauvres Vers-Luisants ?

En étalant sa grâce et sa paresse,
Son œil vitré, ses brodequins vernis,
D'un mot, GRANDVAL abîme chaque pièce,
C'est le flambeau, c'est la fleur des Dandys ;
Mais, qu'un revers atteigne le Pygmée,
Plus de flatteurs ! plus d'écho complaisant !
Adieu le luxe !... Adieu la renommée !...
Le fier Lion n'est plus qu'un Ver-Luisant.

Chez les Puissants, traînant sa vierge épée,
Le beau REINFORT fait craquer les parquets,
Sa douce main d'un gant enveloppée,
Flatte en passant, perruches et roquets ;
Un air calin, un corps parfumé d'ambre
Ont anobli le guerrier séduisant...
Malgré ses croix, ses combats d'antichambre,
Dans le héros, je vois un Ver-Luisant.

Tout Athénée et toute Académie
A son Joas, son phare lumineux,
Qu'avec discours, emphase et bonhomie,
De son vivant, on place près des dieux ;
Hélas ! hélas ! combien de dieux d'argile !
Le Temps accourt — et ses doigts méprisants
Changent le phare en lumignon qui file...
Les Immortels sont près des Vers-Luisants.

Dans ce briska pavoisé d'armoiries
Et remarqué par des coursiers fougueux,
Je vois un couple orné de broderies,
Roulant, bâillant sur des coussins soyeux ;
Quand les flâneurs contemplent en extase
Ce noble couple au regard suffisant :
Je n'aperçois, sous l'or et sous la gaze
Qu'une Chenille auprès d'un Ver-Luisant.

Mais, près de vous, je change de folie,
Tout noir fantôme a quitté mes esprits,
A vos refrains, ma langue se délie,
On boit, je bois ; vous riez et je ris.
De mon cerveau le calembourg s'élance ;
Les doubles sens ont leurs côtés plaisants ;
Je porte un toast aux viveurs de la France ;
Trinquons ! Vidons tous nos *Verres luisants*.

Louis Festeau,
Membre honoraire.

LE SCORPION.

AIR : *Les anguilles, les jeunes filles.*

De moi, vraiment, le sort se moque !
Excusez mon émotion ;
Je le trouve un peu trop baroque
De m'imposer le *Scorpion.*
Aussi maudissant l'influence
Qu'exerce un sujet sans appas,
Je renonce à l'obéissance :
Non, je ne le chanterai pas !

A ce nom, ma veine se glace,
Pour mon oreille il est trop dur ;
Peut-il figurer avec grace
Dans un vers élégant et pur ?
Je n'ai pas assez de génie
Pour bien placer un mot si bas,
Et je tiens trop à l'euphonie :
Non, je ne le chanterai pas !

Encor s'il offrait la peinture
De quelque trait intéressant :

Mais non, de lui dame nature
A fait l'emblême du méchant.
Le venin que son corps distille
N'est-il pas l'image ici-bas
Des œuvres de plus d'un Zoïle?
Non, je ne le chanterai pas!

On nous dit que de sa morsure
Il faut, si l'on veut se guérir,
L'écraser vif sur la blessure;
A cela seul il peut servir.
Or, puisque le mal qu'il fait naître
N'est guéri que par son trépas,
Je ne vois pas sa raison d'être :
Non, je ne le chanterai pas!

Il a pourtant un homonyme
Dont j'aime à fêter le retour;
Amis, c'est le signe sublime (1)
Sous lequel Bacchus tient sa cour.
Je chanterai la docte secte
Dont il excite les ébats;
Mais quant à votre ignoble insecte,
Non, je ne le chanterai pas!

A. Bugnot,
Membre titulaire.

(1) Le Scorpion, signe d'octobre ou des vendanges.

LA SANGSUE.

Air du *Verre*.

Vous m'ordonnez de vous servir
Une certaine *hirudinée;*
C'est assez drôle à vous offrir,
Pour finir votre après-dinée.
Le sujet, du reste, est coulant;
Faites-lui donc la bienvenue :
Puissé-je, avec quelque agrément,
Vous faire... avaler ma sangsue.

Elle passe, non sans raison,
Pour une brune fort piquante;
Mais on doit mainte guérison
A sa blessure bienfaisante.
Plus d'une brune, aux vifs attraits,
Jette, dans une âme ingénue,
Doux poison et cuisants regrets
Que ne guérit point la sangsue.

La citoyenne des étangs,
Au sein des ondes salutaires,
Dans de tendres embrassements
Consume des heures entières.
Chez les humains, de ces beaux feux
L'incandescence est inconnue ;
Et les amants les plus fougueux
Portent envie à la sangsue.

Elle a dix yeux brillants et beaux,
Une mâchoire sans rivale,
Dévorant petits animaux
Qu'elle suce ou bien qu'elle avale.
On voit ce féroce appétit,
Tant la nature est saugrenue !
Chez tel être encor plus petit
Et plus glouton que la sangsue.

Pour faire le bien avec fruit,
Sa modestie au jour se cache ;
Comme la Constance, elle dit :
« Je meurs, hélas ! où je m'attache. »
En la voyant traîner son dard
Sur le sein d'Élise éperdue,
Je m'écrie : « heureux le pendard
« Qui meurt comme cette sangsue ! »

Tant que ses multiples anneaux
Dorment encor dans leur mollesse,
Elle creuse à vif nos vaisseaux,
En s'agitant avec souplesse.
Chose étrange ! à peine elle mord,
Dès qu'elle est ferme et bien dodue ;
Rien n'est alors plus doux, plus fort
Que le toucher de la sangsue.

On ne saurait lui refuser
Une faculté peu commune ;
C'est qu'elle peut s'utiliser
Deux, trois et quatre fois pour une ;
Elle dépose sa liqueur
Qui la rendait lourde et pansue,
Et recommence avec ardeur....
On dirait une autre sangsue !

Il en est une, toutefois,
De la plus dangereuse espèce,
Qui, par de damnables exploits,
A nos dépens vit et s'engraisse.
Usuriers, traitants, gens de loi,
Lorettes, lionnes cossues,
Rats de coulisse... ah ! par ma foi !
Voilà bien les pires sangsues !

ÉPILOGUE.

Jugeons les œuvres de l'esprit
Avec un esprit d'indulgence ;
Trop de sévérité détruit
L'illusion et l'espérance.
La critique guérit souvent,
La satire quelquefois tue ;
La satire... c'est le serpent,
La critique c'est la sangsue.

FOURNIER,
Membre titulaire.

LE COUSIN.

Air du vaudeville de *l'Étude*.

Un soir dans ma chambrette obscure
J'entends bourdonner un cousin ;
Songeant alors à sa piqûre,
En chantant je me dis soudain :
Si je pouvais être à sa place,
A bien des gens, en les piquant,
J'irais donner, avec audace,
Un premier avertissement.

Lorsque je vois prendre la plume
A ce journaliste vénal
Qui, d'un style plein d'amertume,
Se plaît à distiller le mal,
D'un aiguillon impitoyable
J'irais avec acharnement
Donner sur cette main coupable
Un premier avertissement.

A cet orateur populaire
Qui, dans son jargon infernal,
Ne sait flatter le prolétaire
Que pour s'en faire un piedestal,
Dès le début de sa harangue,
Pour l'arrêter subitement,
Je lui donnerais sur la langue
Un premier avertissement.

On rencontre maint hypocrite
Venant à vous en souriant,
Quand l'infâme souvent médite
A votre égard un trait sanglant.
Pour provoquer une grimace
D'accord avec son sentiment,
Je lui donnerais sur la face
Un premier avertissement.

Je souris à ce gastronome,
Qui n'aimant que les fins repas,
Recherche en des mets qu'on renomme
Les morceaux les plus délicats.
Mais quant à ce gourmand farouche
Qui mange sans discernement,
Je lui donnerais sur la bouche
Un premier avertissement.

Auprès d'une beauté douteuse
Quand je vois un jeune amateur
Déployer sa fougue amoureuse
Et risquer sa première fleur ;
Pour le rendre un peu moins perplexe
En cet aventureux moment,
Je lui donnerais sur le sexe
Un premier avertissement.

Malgré le fard qui la colore,
Malgré ses attraits défaillants,
Cette coquette espère encore
Fixer de nombreux soupirants.
A regret, d'une aîle timide,
J'irais, mais toujours galamment,
Donner sur sa première ride
Un premier avertissement.

Plus d'une danseuse poussive,
En dépit de ses cinquante ans,
Se croit aussi svelte, aussi vive
Qu'aux premiers jours de son printemps ;
En vain elle veut être ingambe,
Malgré son lourd balancement:
Je lui donnerais sur la jambe
Un premier avertissement.

J'aurais dans mon humeur piquante
Maltraité tout le genre humain,
Lorsque l'insecte que je chante
Vint sur moi lancer son venin.
L'argument était sans réplique,
Et dans ce trait assez piquant
Je reconnus de la critique
Un premier avertissement.

TOIRAC,
Membre associé.

LE CIRON.

Air de *la Piété filiale.*

Sur ce mot faire une chanson !
Pourquoi pas un poëme épique ?
N'importe ! Ce sujet me pique ;
Et de l' chanter, loin que j'abdique,
J'éprouve la démangeaison :
    Mais il fait mainte ampoule ;
    Quand je pense à cela,
    Mon poignet vient et va,
    Et vraiment j'en ai la
        Chair de poule.

Air : *Gn'ia qu' Paris.*

Aussi, j'ai besoin d' changer d'air ;
Sachez donc qu'il n' faut pas êtr' mioppe,
Qu' pour le voir, entre cuir et chair,
On doit s' munir d'un microscope...
Que d' beaux esprits, de fanfarons,
Vus de près, ne sont qu' des cirons.

L'éléphant, *pour son appétit*,
Trouv' *dame baleine trop grosse ;*
La fourmi, l' *ciron trop petit,*
Et, près d' lui, *se croit un colosse...* (1)
Tel qui s' croit le centaur' Chiron,
    N'est qu'un ciron.

L' ciron ,pénétre on ne sait où :
L'amour n'a-t-il pas sa malice,
Et se nichant dans plus d'un trou,
Flèche en main, partout il se glisse ;
D'où je conclus que Cupidon
    N'est qu'un ciron.

Un journal embouchant l' clairon,
Des classes, d'un ton d'évangile,
Voudrait expulser Cicéron,
Voire même Horace et Virgile :
Heureusement, ce p'tit Fréron
    N'est qu'un ciron.

Ursul', parmi les grands sapeurs,
Avisa des formes d'hercule :
Les dehors sont parfois trompeurs ;
L' soir même, s'écriait Ursule :
« Je croyais t'nir un gros luron...
    « C' n'est qu'un ciron ! »

(1) La Fontaine, fable 7, livre Ier.

CIRON était le nom du *pion* (1)
Qui nous gouvernait au collége ;
J'avais pour lui d' l'affection...
Hélas ! j'ai suivi son cortége,
Car il est mort, ce pauvre pion,
    Pleurons Ciron ! !

J'ai traité, petit à petit,
Le *mot ;* mais mon cerveau se trouble ;
Pour voir un sujet si petit,
D' champagne il faut boire le double :
Buvons ! et qu' chacun soit si rond,
Qu'on oublie auteur et Ciron !

DE COURCHANT,
Membre honoraire.

(1) Nom que les écoliers donnent à leurs maîtres.

LE CHARANÇON.

AIR : *V'là c' que c'est qu' d'aller au bois.*

Il faut vraiment un grand effort
Pour ne pas résister au sort,
Lorsqu'il vous désigne un insecte
    De petite secte,
    De nature abjecte,
Qui du blé ne laisse que le son.
V'là c' que c'est que l' charançon.

Quand ce petit insecte aîlé
A dévoré l'épi du blé ;
De primeurs il fait la conquête,
    Puis il les étête
    Sans que rien l'arrête,
Chacun d'eux plaît à ce grison.
V'là c' que c'est que l' charançon.

Ce petit ver ou moucheron
De graines rempli son giron ;
Après, et dès la moisson faite,

Craignant la disette,
Sur ell's il se jette,
Quand elles entrent en saison.
V'là c' que c'est que l' charançon.

Sa gueule et son gosier sont grands,
Et quoique tous deux soient sans dents,
Haricot, pois, fève ou lentille,
Ce ver, mauvais drille,
En fait sa bastille,
Il les ronge jusqu'au tronçon,
V'là c' que c'est que l' charançon.

Il multiplie en peu de temps
Et laisse de nombreux enfants.
A son tour, grâce à la nature,
Cette créature,
Devient la pâture
Du Rossignol et du pinson.
V'là c' que c'est que l' charançon.

Dans le monde on voit à regret,
Chez certains hommes son portrait ;
Avides d'honneurs, de richesses,
Combien de bassesses
Et de petitesses,
D'eux, ferait dire avec raison.
V'là c' que c'est que l' charançon.

Il est encor un ver rongeur,
Qui s'attache à nous sans pudeur ;
Cet autre ver, c'est la coquette,
    La fraîche lorette,
    Ou bien la grisette,
Se parant de notre toison.
V'là c' que c'est que l' charançon.

Lorsque nous tombons dans leurs lacs,
Il faut, pour doubler leurs appas,
Leur donner mille bagatelles,
    Bijoux et dentelles,
    Et chacune d'elles
Pour nous se change en nourrisson.
V'là c' que c'est que l' charançon.

Je n'ai pas traité d'un seul jet,
Ce trop malencontreux sujet ;
Mais crainte de passer pour lâche,
    J'ai rempli ma tâche,
    Pour que sans relâche,
Vous répétiez à l'unisson :
V'là c' que c'est que l' charançon.

                      OLIVIER,
               Ancien membre associé.

L'ABEILLE.

Air : *T'en souviens-tu ?* ou la *Nostalgie,*
ou *Muse des Bois et des Accords champêtres!*

Je vais chanter l'industrieuse abeille
Aux soins constants, à l'incessant labeur,
De la nature étonnante merveille,
Aux humains même utile moniteur.
Imitons-en la sage politique ;
Un pouvoir fort fait sa sécurité ;
Sous une reine elle est en république
Et sans abus goûte la liberté.

L'insecte agile, en butinant s'empresse,
De fleur en fleur pour distiller son miel,
Soir et matin augmente sa richesse,
Sans nul repos, sans envie et sans fiel.
Mais du frelon la gourmande paresse
Vient exciter sa haine et son dégoût,
De l'aiguillon il l'attaque, il le presse,
De l'expulser enfin il vient à bout.

Bientôt Phébus a voilé sa lumière,
La nuit succède au céleste flambeau ;
Mais, ô bonheur! Abeille tutélaire,
Ta cire, au monde, offre un soleil nouveau.
Ainsi, flattant par la double merveille
De tes produits son palais et ses yeux,
Tu sais donner à l'homme, aimable Abeille,
Un mets exquis et la clarté des cieux.

Il manquerait un trait à ton histoire,
Emblême heureux de constance et d'ardeur,
Si j'oubliais ce beau titre à ta gloire
Que d'un héros tu conquis la faveur.
De son pays signalant les merveilles,
Que fit jadis notre grand Empereur ?
A l'industrie il offrit les Abeilles,
Comme de l'aigle il dota la valeur.

Abeille immense, ô France, ô ma patrie !
Poursuis le cours de tes nobles travaux !
Mère des arts, reine de l'industrie,
L'émeute a fui... tu n'as plus de rivaux.
Mais, défends-toi de toute noire embûche,
Crains les complots des lâches, des félons ;
Tout sera bien tant que loin de ta ruche
Bourdonnera l'essaim des vils frelons.

Jeune fillette à la taille divine,,
Au cou d'albâtre, au regard enchanteur,
Crains du galant qui t'aime et te lutine,
Et la louange et le ton séducteur!
Crains un baiser sur ta bouche vermeille,
De ses projets, perfide échantillon...
Si son langage a le miel de l'Abeille,
Comme elle il cache un funeste aiguillon.

SAINT-AMAND,
Membre associé.

LE FRELON.

Air du ballet *des Pierrots*.

Lorsqu'aujourd'hui plus d'un insecte
Trouve un interprète éloquent,
Je m'en étonne et l'on m'objecte
Que le sujet est fort piquant;
Souffrez pourtant que je m'explique;
Je redoute dans ce salon
Les piqûres de la critique
Bien plus que celles du frelon.

Avec bonheur je me rappelle
Un souvenir de mes beaux jours :
La jeune et rieuse Isabelle
Laissait voltiger les amours ;
Quelquefois, malgré ses alarmes,
On la suivit dans le vallon ;
L'aiguillon que bravait ses charmes
N'était pas celui du frelon.

Mais j'entends un bruit monotone,
Un léger sifflement dans l'air ;
Ici quelque frelon bourdonne ;
Amis : prenez garde au dessert.
Biscuits, compote, marmelade,
Mets sucrés que nous avalons,
Bons pour mon estomac malade,
Sont convoités par les frelons.

Dans tous les temps, je le confesse,
On a pu voir comme aujourd'hui,
Des frelons de plus d'une espèce
S'appropriant le bien d'autrui ;
Que de fripons, que de basiles,
Que d'imposteurs, que de félons,
Que de méchants, que de zoïles
Sont de la race des frelons.

Frelons de la littérature,
Frelons des places, des honneurs,
Frelons de la magistrature,
Frelons de toutes les couleurs.
Et cet élégant personnage,
Nouvelle sorte d'étalon,
Qui trouble la paix d'un ménage,
N'est-il pas encore un frelon ?

Avec raison l'on me reproche
De n'offrir qu'un maigre tribut ;
J'imite la mouche du coche
Et j'arrive avec vous au but.
Que mon zèle impuissant vous touche,
Joyeux favoris d'Apollon,
Surtout ne prenez pas la mouche,
Quand je pourchasse le frelon.

GISQUET,
Membre titulaire.

LE GRILLON.

Air : *Eh! lon lon la, j'ai l'espérance*
Qu'un peu de bien l'emportera.
(Lanterne sourde).

Le mot que le Caveau m'impose,
Et que je dois chanter ce soir,
Peut vous sembler couleur de rose,
Mais moi je le trouve un peu noir ;
Comme un chétif *Grillon* sans doute
On m'a traité lorsqu'on m'a dit :
Quand la nuit vient, on n'y voit goutte ;
Chante, chante, pauvre petit.

Votre vouloir, je le respecte,
Car les petits ont peur des grands,
Prenez donc en pitié l'insecte
Intimidé par les géants.
Dans son trou je glisse une paille ;
Le *Grillon* sort, on le saisit ;
Vous l'entendrez vaille que vaille.
Chante, chante, pauvre petit.

Grillon, dans les blés tu peux être
Le jouet de cruels enfants,
Ou sur l'herbe qui vient de naître
Mourir sous le pied des passants ;
Du boulanger souvent le geindre
En faisant son pain te pétrit ;
Mais chez moi tu n'as rien à craindre :
Chante, chante, pauvre petit.

Habitant de ma cheminée,
Noir grillon, farfadet chéri,
Je sais depuis plus d'une année
Attacher un sens à ton cri.
Du travail ce cri me délasse,
M'instruit, m'éclaire et me prédit
Le mal qui vient, le bien qui passe :
Chante, chante, pauvre petit.

Ta voix m'enseigne la sagesse :
Tu vis modeste sous sa loi;
Tes chansons, voilà ta richesse ;
C'est aussi ma richesse à moi.
Ta voix console l'infortune
Qui sous le chaume te sourit.
Loin du Crésus qu'elle importune
Chante, chante, pauvre petit.

Bien différent de nos poëtes
Que souvent glace un feu trompeur,
Hôte de mon foyer, tu quêtes
Dans l'hiver sa douce chaleur ;
Leur muse est de gloire affamée ;
Tu plains celui qui s'en nourrit ;
Tu sais ce que vaut la fumée :
Chante, chante, pauvre petit.

Quand d'une lyre satyrique
Maint rimeur emprunte le chant,
J'aime ta voix mélancolique :
Je hais la verve du méchant.
Quand tu plais, bien que monotone,
Il blesse avec un trait d'esprit.
Tu n'as fait de mal à personne :
Chante, chante, pauvre petit.

Le Créateur dans sa pensée
A compris tout être vivant ;
De la route à chacun tracée
L'homme s'écarte trop souvent.
Son orgueil provoque l'orage :
Tu fais ce que Dieu t'a prescrit ;
Pour prouver quel est le plus sage,
Chante, chante, pauvre petit.

Note de la gamme infinie
Qu'anime le souffle immortel,
Ta voix compte dans l'harmonie
Des concerts doux à l'Éternel ;
Aux sublimes accords des Anges
Sa divine bonté l'unit ;
L'insecte chante ses louanges :
Chante, chante, pauvre petit.

H^{te} MARIE,
Membre honoraire.

L'ASTICOT.

Air de *la Treille de sincérité.*

Pauvre poëte,
A cette fête,
Puisqu'en vers je dois mon écot,
Dussé-je ici manquer d'écho,
Je vais vous chanter l'asticot.

Tout ce qui vit dans la nature
Est d'un grand intérêt pour moi ;
Et ce mot donné, je vous jure,
Loin de me causer quelqu'effroi,
Me séduit, et voici pourquoi :
Mon esprit, qui souvent sommeille
Quand il n'est pas surexcité
Par un sujet qui le réveille,
A besoin d'être asticoté.
      Pauvre poëte, etc.

Il n'a jamais connu sa mère,
Le pauvre petit malheureux ;

Car, marâtre autant que légère,
La mouche en déposant ses œufs
Prend son vol et s'éloigne d'eux !
Quand nous le voyons se produire
Sur des beefteaks peu délicats,
Aux amateurs il semble dire :
Regardez, mais n'y touchez pas.
  Pauvre poëte, etc.

C'est à ses œuvres qu'on le juge ;
Et comme jamais il n'a nui,
Ni vetivert, ni vermifuge,
Dont on fait usage aujourd'hui,
Ne sont employés contre lui ;
Mais comme les meilleures choses
N'ont pas le don de le toucher,
C'est ailleurs que parmi les roses
Que l'on doit aller le chercher...
  Pauvre poëte, etc.

Lorsque le ver luisant projette
Des clartés qui n'éclairent rien,
Du pêcheur et de la guinguette
L'asticot se fait le soutien,
Et suffit à leur entretien :
Pour lui c'est une rude épreuve ;
Car on sait très pertinemment

Que lorsqu'il plonge dans un fleuve,
Ce n'est pas pour son agrément.
  Pauvre poëte, etc.

Si l'homme lui sert de pitance,
C'est quand l'âme a quitté le corps.
Seul il n'a pas grande puissance ;
Mais, avec de nombreux renforts,
Il galvaniserait des morts ;
Bien qu'ils soient tous des moins ingambes,
On les a vus dans bien des cas,
Déplacer et donner des jambes
A des objets qui n'en ont pas.
  Pauvre poëte, etc.

Quand nous mangeons une friture,
Plaignons, Messieurs, son triste sort ;
Car, pour en faire sa pâture,
C'est sur lui que le poisson mord,
Et lui cause le plus grand tort :
Comme celui-ci s'en régale,
Nous pouvons conclure de là,
Que par goujon que l'on avale,
C'est un asticot qui s'en va !...
  Pauvre poëte, etc.

Il a l'humeur douce et tranquille ;
Et bien qu'il soit fort innocent,

On l'évite comme un reptile,
Et c'est toujours en grimaçant
Qu'on le foule aux pieds en passant.
Avec une vie aussi triste,
Nous pouvons bien en convenir,
L'être le moins socialiste
Finirait par le devenir.

    Pauvre poëte, etc.

Cet insecte, quoique je dise,
Offrira toujours peu d'appas.
Et comme objet de convoitise,
Messieurs, je ne m'attendais pas
A le servir à ce repas.
Mais grâce à votre accueil aimable,
J'emporte l'espoir consolant,
Qu'on peut chanter un vert semblable
Sans cesser d'être un ver galant.

    Pauvre poëte,
      A cette fête,
Puisqu'en vers je dois mon écot,
En dépit de son peu d'écho,
Prenez, Messieurs, mon asticot.

DÉSAUGIERS,
Membre honoraire.

LE VER A SOIE.

Air : *Berce, berce, bonne grand'mère.*

File, file,
Tisseur habile
Le trésor
De ta maison d'or.

Sur ce rameau quand tu fixes tes trames,
Insecte adroit,
Sais-tu ce qu'on te doit ?
Le fin tissu dont se parent nos femmes
On l'obtient seul
Des plis de ton linceul.
Je te compare à l'homme de génie
Qui persistant
Dans un travail constant,
N'hésite pas à payer de sa vie
L'utile honneur
D'un glorieux labeur.
File, file, etc.

Ton fil se livre aux navettes tremblantes,
Il court, s'étend
Et se multipliant,

Il se transforme en étoffes brillantes
Sur le métier
De l'habile ouvrier.
Satins, lampas, vont couvrir d'élégance
Meubles, lambris,
Palais, riches pourpris,
Et d'artisans alors un peuple immense
De tes produits
Recueille en paix les fruits.
File, file, etc.

Oui, je le sais, à la coquetterie
Tu prêteras
De dangereux appas ;
Mais est-ce un mal de rendre plus jolie
Fille aux doux yeux,
Aux désirs amoureux ?
De frais rubans une simple parure,
En ranimant
Un tiède sentiment,
Fait oublier les torts de la nature
Et de bonheur
Bondir un tendre cœur.
File, file, etc.

Les amoureux, c'est toi qui les protèges :
Soyeux atours
Ou masques de velours,
Dans leurs transports sont d'infaillibles pièges,

De leurs projets
Assurant le succès.
Tu leur fournis cette échelle flexible
Qui des jaloux
Conjure le courroux,
Et Chérubin sait se rendre invisible
Sous les rideaux
Issus de tes réseaux.
File, file, etc

Dans un ballon au milieu de l'espace,
C'est grâce à toi
Qu'aujourd'hui sans effroi
L'aéronaute, en sa sublime audace,
Au sein des airs
Contemple l'univers.
Mais qu'ai-je dit, à l'aquilon en butte
Il va périr
L'esquif vient le trahir.
Rassurons-nous... le soyeux parachute,
Sain et dispos,
Le rend à nos bravos.
File, file, etc.

Lorsque du jour l'astre enflamme la terre,
Ou d'un ciel pur
Quand s'obscurcit l'azur,
On peut braver soleil, pluie ou tonnerre,

En se couvrant
De ton tissu charmant.
Ou mieux encor si du pauvre en détresse
Un prompt secours
Vient adoucir les jours,
C'est du milieu de tes fils mis en tresse
Que sans regret
S'échappe le bienfait.
File, file, etc.

Nous te devons ces flottantes bannières,
Ces pavillons
Qui de nos bataillons
Electrisant les cohortes guerrières,
Rendent soumis
Les plus fiers ennemis ;
Et ce cordon à la moire écarlate,
Emblême heureux
Pour les cœurs valeureux,
Est ton ouvrage : avec gloire il constate
L'essor vainqueur
Que sut prendre l'honneur.
File, file, etc.

On voit la soie en ses métamorphoses
Sur des tapis
Simuler des rubis,
Prendre l'éclat et la forme des roses ;

De mille fleurs
Imiter les couleurs ;
Elle devient ou le dais ou l'étole,
Habits sacrés,
Ornements vénérés,
Où se déroule en blanche banderole
Devant l'autel
En un jour solennel.
File, file, etc.

Qu'avec succès ton œuvre se termine ;
Que tes cocons
Aux onduleux flocons,
Venant de France ou de l'Inde ou de Chine,
En tous pays
Librement soient admis ;
Si l'industrie est la reine du monde,
Si ses progrès
Eternisent la paix,
Grâce à tes dons qu'à son tour l'art féconde,
Je vois en toi
Des insectes le roi !

File, file,
Tisseur habile,
Le trésor
De ta maison d'or.

Auguste GIRAUD,
Membre titulaire.

LA BÊTE A BON DIEU. (1)

Air : *J'ai vu la meûnière.*

La bête à bon Dieu... Dieu quel mot !
　Pour un' chansonnette ;
Vraiment avoir un pareil lot
　Est-ce un' chance honnête ?
Bien que l' sort nous fass' mauvais jeu,
Avec de l'esprit... quelque peu,
　Tâchons d' fair' la bête...
　La bête à bon Dieu.

Mais chanter l' nom qu' lui donn' Buffon,
　Ça n'est pas faisable ;
Coccinelle... en fait de chanson,
　Me semble adorable !
Dans ce nom-là, trouvant un ch'veu,
J'ai bien manqué, j'en fais l'aveu,
　D'envoyer au diable...
　La bête à bon Dieu.

(1) *Coccinelle.* Elle porte bonheur et passe pour être constante en amour. C'est aussi un symbole d'honnêteté, de douceur et de frugalité.　(*Dictionnaire d'histoire... peu naturelle.*)

Cett' joli' bête, du bonheur
　　Est le sûr indice ;
Ell' procure un riche épouseur
　　A la pauvre Alice ;
Et que d' gens, heureux en tout lieu,
Dont la bêtise est l' seul milieu,
　　Ont pour protectrice
　　La bête à bon Dieu.

De la sagess', c'est positif,
　　Ell' mérit' la pomme,
Et ne donne aucun coup d' canif
　　Dans l' contrat d' son homme.
Coquette, lionne ou bas-bleu,
Pour leur époux, gardant leur feu,
　　Devrait bien fair' comme
　　La bête à bon Dieu.

A prendre le bien d' Pierre ou d' Paul
　　On n' la voit pas prête ;
Quoiqu' sa propriété soit l' vol...
　　Elle est fort honnête.
Je l' dis sans craindre un désaveu,
Conbien d'hommes ont, en haut-lieu,
　　La conscience moins nette
　　Qu' la bête à bon Dieu.

On dit que d' la frugalité,
    C'est l'emblêm' placide,
Et qu'elle' ne prend droit de cité
    Que... dans un verr' vide.
Pochard, qui sembl's avoir fait l' vœu
De trop festoyer l' petit bleu,
    Choisis donc pour guide
    La bête à bon Dieu.

Pour mal fair', jamais sur ses pas
    Un' mouch' ne la pique;
Bien que *rouge*... ell' n'affiche pas
    D' couleur politique !
Grands démagogues boute-feu,
A vos chimèr's disant adieu,
    Suivez la tactique
    D' la bête à bon Dieu !

Cette bête à mon Apollon
    Coupa la musette,
Il n' battit qu' d'une ail' tout du long
    De cette bluette.
Pourtant, quand j'apport' mon enjeu,
N'allez pas répéter, morbleu !
    Ah ! bon Dieu, qu' c'est bête...
    Qu'c'est *bête, ah ! bon Dieu !*

                    POINCLOUD,
                    Membre titulaire.

LA DEMOISELLE.

AIR du *Protecteur* (de Festeau).

Brillante demoiselle,
La sylphide des eaux,
Toi si vive et si frêle,
 Crains pour ton aîle
Le tranchant des roseaux.

Dans sa folle existence,
Cet insecte léger,
A force d'inconstance
Lutte avec le danger :
Il voltige sans cesse,
Et, pareil au plaisir,
Redouble de vitesse
Quand on veut le saisir.

Brillante demoiselle,
La sylphide des eaux,
Toi si vive et si frêle,
 Crains pour ton aile
Le tranchant des roseaux.

Voyez la jeune fille,
Modèle de candeur,
Dont la mine gentille
Respire la fraîcheur :
Elle a de cette mouche
Les chatoyants reflets :
Qu'un souffle impur la touche,
Adieu tous ses attraits !

Brillante demoiselle,
La sylphide des eaux,
Toi si vive et si frêle,
   Crains pour ton aile
Le tranchant des roseaux.

On voit plus d'une belle
Aux séduisants appas,
Qui de la demoiselle
Est l'image ici-bas.
Mainte femme légère,
Volage en ses amours,
Et qu'on n'attrape guère,
Vous attrape toujours.

Brillante demoiselle,
La sylphide des eaux,
Toi si vive et si frêle,
   Crains pour ton aile
Le tranchant des roseaux.

Vous triomphez, Hortense,
Au sourire enchanteur,
Une telle inconstance
Pour vous est le bonheur :
Mais l'amour, qui se venge,
Peut vous atteindre encor,
Il saura, mon bel ange,
Couper vos ailes d'or.

Brillante demoiselle,
La sylphide des eaux,
Toi si vive et si frêle,
   Crains pour ton aile
Le tranchant des roseaux.

Lorsqu'elle se déchire
Aux ronces du chemin,
La pauvre mouche expire
Victime du destin :
Ainsi, vierge timide,
Perdant sa chasteté,
Meurt jouet du perfide
Qui flétrit sa beauté.

Brillante demoiselle,
La sylphide des eaux,
Toi si vive et si frêle,
   Crains pour ton aile
Le tranchant des roseaux.

Cet insecte, qui vole,
Éclatant et joyeux,
N'est-il pas un symbole
Qui vient frapper nos yeux ?
Ce qui brille sur terre
Ne vit souvent qu'un jour ;
En toi, mouche éphémère,
J'ai reconnu l'*Amour*.

Brillante demoiselle,
La sylphide des eaux,
Toi si vive et si frêle,
Crains pour ton aîle
Le tranchant des roseaux.

J. Lagarde,
Membre titulaire.

TABLE

ALBERT-MONTÉMONT.

                                pages. clé du cav. (1).

L'Araignée.   4   888

BUGNOT.

Le Scorpion.   40   »

CABARET-DUPATY.

Le Papillon.   34   2300

DE CALONNE.

La Cigale.   11   205

---

(1) Les Airs marqués de guillemets ont un timbre inexact ou sont postérieurs à la 3ᵉ et dernière édition de la Clé du Caveau.

CHARRIN.

	pages.	clé du cav.
Le Lombric terrestre (ver de terre).	8	1416

CHARTREY.

| La Mouche. | 28 | 1622 |

DECOURCHANT.

| Le Ciron. | 50 | » |

DÉSAUGIERS (Eugène).

| L'Asticot. | 66 | 1113 |

FESTEAU.

| Les Vers luisants. | 37 | 1870 |

FOURNIER.

| La Sangsue. | 42 | 910 |

GIRAUD (Auguste).

| Le Ver à soie. | 70 | 668 |

GISQUET.

| Le Frelon. | 59 | 733 |

JUSTIN CABASSOL.

	pages.	clé du cav.
Le Colimaçon.	1	1415

LAGARDE (Jules).

La Demoiselle.	78	205

MARIE (Hippolyte).

Le Grillon.	62	463

MOINAUX.

La Fourmi.	15	612

OLIVIER.

Le Charançon.	53	627

POINCLOUD.

La Bête à Bon Dieu.	75	690

PROTAT (Louis).

Le Parasite.	19	»

SAINT-AMAND.

L'Abeille.	56	394

THOREL-SAINT-MARTIN.

	pages.	clé du cav.
Le Cerf-Volant.	25	1932

TOIRAC.

| Le Cousin. | 46 | 1819 |

VAN-CLEEMPUTTE.

| La Chenille. | 54 | 1819 |

FIN DE LA TABLE.

Imp. de Appert fils et Vavasseur, pass. du Caire, 54.

www.ingramcontent.com/pod-product-compliance
Lightning Source LLC
LaVergne TN
LVHW050555090426
835512LV00008B/1169